LE JEU DE L'HOMBRE.

COMME ON LE JOUE presentement à la Cour, & à Paris.

AVEC

LES PERTINTAILLES.

Enrichy de Cartes figurées, qui représentent les Jeux qui se joüent.

CINQUIE'ME EDITION.

A PARIS,
Chez la Veuve de CLAUDE BARBIN, au Palais, sur le second Perron de la Sainte Chapelle.

M. DCCV.

AVEC PRIVILEGE DU ROY.

LE LIBRAIRE AU LECTEUR.

VOICY un nouveau Jeu de l'Hombre que je vous présente, amy Lecteur, celuy que je vous donnay autrefois étant à present si different de la maniere de le joüer aujourd'huy, qu'il ne peut être d'aucune utilité: celuy-cy est redigé par articles, afin que l'esprit se trouve borné par quelque chose, & ne voltige pas de préceptes en préceptes, sans en tirer aucun fruit. On a tâché de ne rien obmettre pour en faciliter l'intelligence à ceux qui n'en ont aucune teinture, & qui le veulent apprendre : & ceux qui le ſçavent, trouveront au moins dequoy regler les difficultez que la differente maniere de le joüer fait naître à tout moment : peut-être même trouveront-ils étrange que l'on ait rebatu des choſes ſuffiſamment expliquées auparavant ; mais qu'ils faſſent reflexion que ces repetitions ſe ſont faites en faveur de ceux qui commencent, & à l'égard des choſes qui ſont l'eſſenciel du Jeu.

L'on a ajoûté dans cette

cinquiéme Edition plusieurs Exemples de la maniere de bien joüer quelques coups, qui pourront servir de Regle, & donner quelque intelligence de la maniere de joüer les Cartes dans les Coups les plus difficiles.

Au reste, comme il y a des termes que tout le monde n'entend pas, & qui font croire à ceux qui les ignorent que c'est la magie noire, on les a mis à la fin, avec l'explication, pour effacer l'idée que bien des gens ont que le Jeu de l'Hombre est un Jeu barbare, où l'on ne parle pas chrétien.

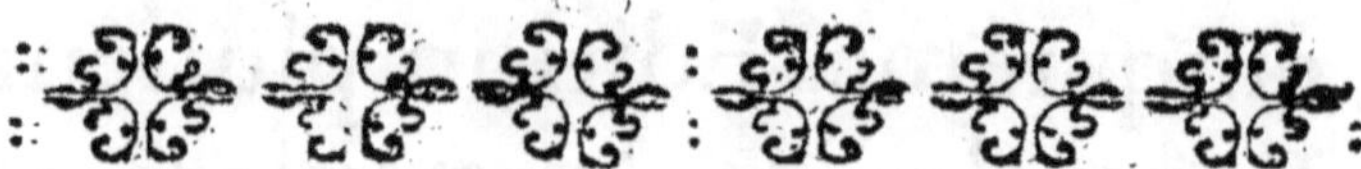

TABLE
DES CHAPITRES.

Fin de la Table des Chapitres.

Omission.

Pag. 35. *lign.* 15. *avant ces mots* à l'égard des deux autres ; *il faut mettre* si celuy qui fait a donné dix Cartes, ou qu'il les ait pris aprés luy, il ne peut joüer.

Fautes.

Pag. 65. il livreroit la Poulle, *il faut lire* il tireroit la Poulle.

Pag. 131. *lig.* 14. & gagne, *il faut lire* & on gagne.

Pag. 132. *lig.* 10. & en ce cas tire, *il faut lire* & en ce cas on tire.

PRIVILEGE DU ROY.

LOUIS par la grace de Dieu Roy de France & de Navarre : A nos amez & feaux Conseillers, les Gens tenans nos Cours de Parlement, Maîtres des Requestes ordinaires de nôtre Hôtel, Grand Conseil, Baillifs, Sénéchaux, Prevosts, leurs Lieutenans Civils & à tous autres nos Justiciers & Officiers qu'il appartiendra, SALUT. Nôtre bien amé CLAUDE BARBIN Marchand Libraire à Paris, Nous a fait remontrer qu'il luy a été mis és mains un Manuscrit intitulé *Le Jeu de l'Hombre comme il se jouë presentement à la Cour & à Paris, où l'on voit comment se jouë Espadille forcé, l'Hombre à deux, à trois & à cinq, avec l'explication des Termes dont on se sert en le joüant*, qu'il desireroit faire imprimer, ce que ne pouvant faire sans nôtre Permission, & craignant qu'aprés en avoir fait la dépence d'autres voulussent aussi l'imprimer à son préjudice ; il Nous a tres-humblement fait supplier luy vouloir accorder nos Lettres sur ce necessaires. A CES CAUSES, desirant favorablement traiter ledit Exposant, Nous luy avons permis & accordé, permettons & accordons par ces Presentes, d'imprimer ou faire imprimer ledit Livre, iceluy vendre & debiter en tous les lieux de nôtre Royaume, Pays, Terres & Seigneuries de nôtre obeïssance, en telle marge & caractere, & autant de fois que bon luy semblera durant le tems de huit années consecutives, à compter du jour, qu'il sera achevé d'imprimer pour la premiere fois : pendant lequel temps, Nous faisons tres expresses inhibitions & deffenses à toutes personnes de quelque qualité ou condition qu'elles soient, Imprimeurs, Libraires & autres, d'imprimer, faire imprimer, vendre & distribuer ledit Livre, sous prétexte d'Augmentation, Correction, changement de Titre, fausses marques ou autrement, en quelque sorte & maniere que ce soit, ny même d'en faire des Extraits ou Abregez; & à tous Marchands étrangers d'en apporter ny distribuer en ce Royaume d'autres impressions, que de celles qui auront été faites du consentement de l'Exposant, à peine de trois mil livres d'amende payables par chacun des contrevenans, & appliquable un tiers à l'Hôpital General de nôtre bonne ville de Paris, un tiers à Nous, & l'autre tiers à l'Exposant, de confiscation des exemplaires contrefaits, & de tous dépens, dommages & interêts, à condition qu'il sera mis deux Exemplaires dudit Livre en nôtre Biblioteque publique, un en celle du cabinet de nos Livres en nôtre Château du Louvre, & un en celle de nôtre tres-cher & feal le Sr Boucherat Chevalier, Chancelier de France, avant que de l'exposer en vente, à la charge aussi que l'impression en sera faite dans nôtre Royaume & non ailleurs, & que ledit Livre sera imprimé sur de beau & bon papier & belle impression, & ce suivant ce qui est porté par le Reglement fait pour la Librairie & Imprimerie és années 1618. & 1686. registré en nôtre Cour de Parlement de Paris, à peine de nullité des Presentes, lesquelles seront registrées dans le Registre de la Communauté des Imprimeurs & Libraires de nôtredite ville de Paris: Si vous mandons & enjoignons que du contenu en ces Presentes, vous fassiez joüir pleinement & paisiblement ledit Exposant, ou ceux qui ont droit de luy, sans souffrir qu'il leur soit fait on donné aucun empêchement. Voulons aussi qu'en mettant au commencement ou à la fin dudit Livre une copie ou extrait des Presentes, elles soient tenuës pour bien & dûëment signifiées, & que foy y soit ajoûtée, & aux Copies collationnées par l'un de nos amez & feaux Conseillers & Secretaires comme à l'Original. Commandons au premier nôtre Huissier ou Sergent sur ce requis, de faire pour l'execution des Presentes, tous Exploits, Saisies & autres Actes necessaires, sans demander autre Permission, nonobstant oppositions ou appellations quelconques, clameur de Haro, charte Normande, & autres Lettres à ce contraires: Car tel est nôtre plaisir. DONNE' à Versailles, le dix-huitiéme jour de Decembre, l'an de grace 1698. & de nôtre Regne le cinquante sixiéme. Par le Roy en son Conseil. BECHET.

Registré sur le Livre de la Communauté des Imprimeurs & Libraires, conformément aux Reglemens, A Paris, le 7. Janvier 1699.

Signé, C. BALLARD, *Syndic.*

LE JEU

DU JEU DE L'HOMBRE.

IL est inutile de s'arrêter à l'étymologie du Jeu de l'Hombre : il suffit de dire que les Espagnols en sont les Auteurs, & qu'il se sent du flegme de la Nation, dont il tire son origine. Aussi demande-t-il beaucoup d'application ; & quelque vivacité qu'on ait, on y fait bien des fautes quand on penſe à autre choſe, ou qu'on eſt diſtrait par la converſation de ceux qui regardent joüer.

Ainſi pour le bien joüer, il faut du ſilence & de la tranquillité. Il eſt donc de la diſcretion de ceux qui ſont préſens quand on y jouë, de ne point prendre d'autre plaiſir que celuy de voir joüer, ſi cela ne ſe peut faire ſans diſtraire les Joüeurs.

Ce que je dis ne doit pas faire croire à ceux qui le

veulent apprendre, que c'eſt une étude qui donne plus de peine que de plaiſir ; car il eſt ſans contredit le plus beau & le plus divertiſſant de tous les Jeux, pour ceux qui ont ce qu'on appelle ordinairement l'eſprit du Jeu.

De plus, c'eſt qu'il ſe jouë dans la plûpart des Compagnies d'une maniere à perdre ſi peu d'argent, que l'on ne ſe fait pas une loy inviolable de cette retenuë dont nous parlons.

Il y a pluſieurs manieres de joüer l'Hombre : on jouë quelquefois Eſpadille forcé, quelquefois on le joüe à deux personnes, quelquefois à cinq; mais il se joüe plus ordinairement à trois, & c'est de cette maniere de le joüer que nous parlons presentement; nous parlerons des autres dans la suite.

Du nombre des Cartes.

Le nombre des Cartes est de quarante; les Marchands les vendent ordinairement toutes preparées; sinon, on prend un Jeu entier, qui est composé de cinquante-deux Cartes, dont on ôte les quatre Dix, les quatre Neuf,

& les quatre Huit, qui ſont douze Cartes à ôter de cinquante-deux; ainſi il en reſte quarante, & ces quarante font le Jeu de l'Hombre.

De l'ordre naturel des Cartes.

J'appelle l'ordre naturel des Cartes, l'ordre qu'elles ont quand elles ne ſont point Triomphes.

Il y a quatre couleurs, deux noires, & deux rouges; les deux noires ſont le Pique & le Trefle.

L'ordre du Pique & du Trefle eſt comme dans les

autres Jeux, & eſt tout naturel; le Roy, la Dame, le Valet, le Sept, le Six, le Cinq, le Quatre, le Trois, & le Deux.

Il faut obſerver ſeulement que les As noirs n'ont point de place dans l'ordre naturel des Cartes; la raiſon eſt, qu'ils ſont toûjours triomphes, comme nous dirons dans la ſuite.

Les deux couleurs rouges ſont le Carreau & le Cœur, dont l'ordre eſt un peu different; mais cette difference conſiſte en fort peu de choſes.

Le Roy, la Dame, le

Valet gardent leur ordre naturel ; mais pour les autres elles le renverſent abſolument, & les plus baſſes emportent les plus hautes ; ainſi aprés le Valet eſt l'As, le Deux, le Trois, le Quatre, le Cinq, le Six, & le Sept.

Cela ne merite pas d'arréter ; mais afin qu'on le voye d'un clin d'œil, on les a miſes ſuivant leur ordre naturel dans les Tables ſuivantes.

Noires.

Roy. Dame. Valet. Sept. Six.

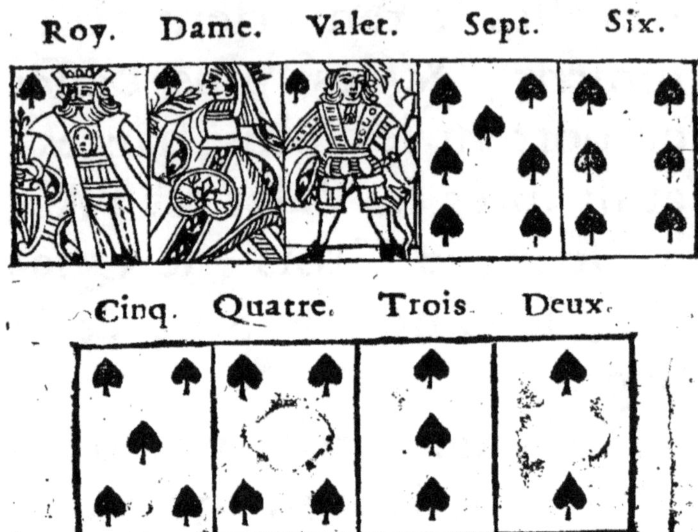

Cinq. Quatre. Trois. Deux.

Rouges.

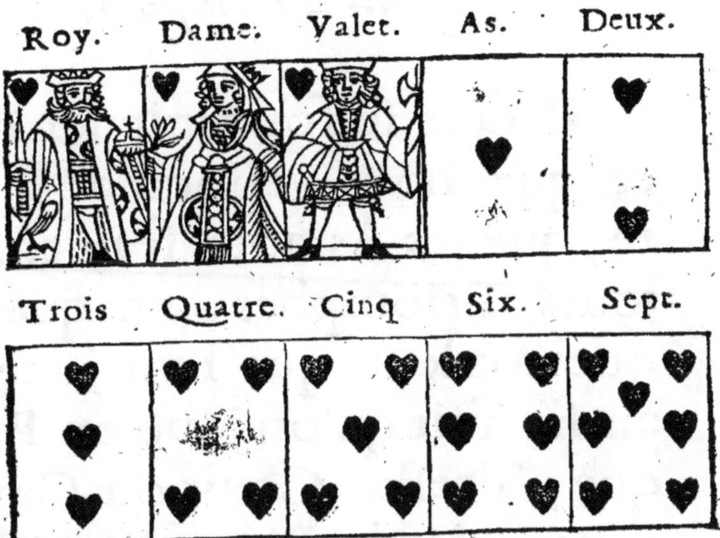

Obſervez qu'il y a dix Cartes en rouge, & qu'il n'y en a que neuf en noir, par la raiſon que nous avons déja dite, que les As noirs, qui ſont toûjours Triomphes, n'y ont point de place.

De l'ordre des Cartes quand elles ſont Triomphes.

Il faut ſe ſouvenir ici de ce que nous venons de dire, que les As noirs ſont toûjours Triomphes, en quelque couleur que l'on jouë, ainſi, ſoit qu'on jouë en Pique, Trefle, Cœur ou Carreau, l'As de Pique eſt toûjours la premiere Triomphe, & l'As de Trefle toûjours la troiſiéme. De là vient auſſi qu'il y a toûjours douze Triomphes en rouge, & qu'il n'y en a qu'onze en noir.

L'As de Pique s'appelle Eſpadille, & l'As de Trefle ſe nomme Baſte.

Cela ſupposé, il eſt aisé de voir que la premiere Triomphe & la troiſiéme ſont toûjours fixes ; la difficulté eſt de ſçavoir quelle doit être la ſeconde Triomphe.

En quelque couleur que l'on joüe, la derniere Carte dans l'ordre naturel devient la ſeconde Triomphe ; ainſi le deux de Pique, quand on joüe en Pique, eſt la ſeconde Triomphe, & pour lors ſe nomme Manille. Il en eſt de même du Deux de Trefle quand on jouë en Trefle.

Quand on jouë en rouge, le Sept de Cœur ou le Sept de Carreau sont la seconde Triomphe, c'est-à-dire, le Sept de Cœur quand on jouë en Cœur, & le Sept de Carreau quand on jouë en Carreau, & pour lors s'appellent aussi Manille.

Il y a donc comme vous voyez quatre Manilles, sçavoir les deux Deux en noir, & les deux Sept en rouge ; mais elles ne joüissent de ce Privilege que lors que l'on jouë en la couleur dont elles sont. Si l'on jouë en Pique, le Deux de Pique est la Manille, & les trois autres ſont les dernieres Cartes de la couleur dont elles ſont : il en eſt de même des autres à proportion.

Il n'y a plus qu'une ſeule obſervation ; c'eſt à l'égard des As rouges quand on joüe en rouge ; car ils changent de place : ainſi quand on joüe, par exemple, en Cœur, l'As de Cœur marche devant le Roy, & eſt alors la quatriéme Triomphe. Il en eſt de même de l'As de Carreau quand on joüe en Careau, & pour lors ils s'appellent Pontes.

Mais il faut ſe ſouvenir

que ce n'eſt que quand on jouë en la couleur dont ils ſont ; car hors de là ils ſuivent l'ordre naturel dont nous avons parlé ci-devant.

Pour plus grande facilité, voyez les Tables ſuivantes, où les Triomphes ſont dans leur ordre.

Noires.

Eſpadille. Manille. Baſte Roy.

Dame. Valet. Sept. Six.

Cinq. Quatre. Trois.

Rouges.

Eſpadille. Manille. Baſte. Ponte.

Roy. Dame. Valet. Deux.

Trois. Quatre. Cinq. Six.

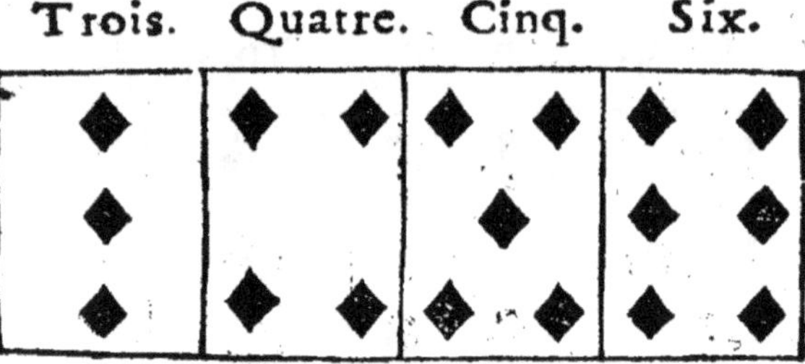

Obſervez

Obſervez qu'il n'y a qu'onze Triomphes en noir, & douze en rouge.

Ce qui fait les Triomphes.

Les Triomphes au Jeu de l'Hombre ne ſe font pas comme à l'Imperiale & à la Bête, en tournant une Carte, car on ne tourne point.

Voici donc comme elles ſe font; quand on a donné les Cartes, comme nous allons dire, chacun voit ſon Jeu & parle à ſon rang.

Suppoſons que vous êtes le premier en Carte, & que vous ayez, par exemple,

Eſpadille, le Deux de Pique, le Baſte, le Sept de Pique & le Trois, avec quatre autres Cartes de differentes couleurs; conſultez l'ordre des Cartes quand elles ſont Triomphes, vous verrez que vous avez trois Matadors, le Sept & le Trois, qui eſt tres beau Jeu; vous demandez ſi on le jouë : Je ſuppoſe que les autres n'ont pas de Jeu, on vous répond que non; vous dites alors : Je joue en Pique, & vous faites vôtre écart, comme nous dirons ci-aprés, & voilà comme ſe font les Triomphes. Ce que je dis du premier en Carte ſe doit entendre des deux autres, quand ceux qui précedent n'ont pas de Jeu, & on dit Paſſe.

Les Triomphes ſe font donc en nommant par celuy qui entreprend de joüer, la couleur où il eſt le plus fort.

Mais il faut bien ſe ſouvenir de la nommer avant d'avoir vû ſa rentrée : car ſi celuy qui jouë voit ſa rentrée, ou même la tourne devant ſes yeux avant d'avoir nommé la couleur en laquelle il jouë, les deux autres peuvent nommer pour luy la couleur qu'il leur plaît,

& pour lors il eſt obligé de joüer en celle que l'on nomme la premiere.

Si l'on nomme deux couleurs differentes à la fois, on doit joüer en celle qui a été nommée par celuy qui eſt à la droite de l'Hombre; en ce cas il eſt permis à l'Hombre de reprendre dans ſon écart ce qu'il a écarté de la couleur que l'on a nommé pour luy; mais il faut pour cela que ſa rentrée ne ſoit pas jointe à ſon Jeu, car ſi elle y eſt jointe, il ne luy eſt pas permis de refaire ſon écart.

Il faut nommer formellement la couleur ; & il ne ſuffiroit pas à celuy qui jouë-roit, par exemple, en Trefle, de montrer qu'il écarte trois Cartes, qui ſeroient un cœur, un Pique & un Carreau ; & de dire, vous voyez bien en quoy je jouë, parce que l'on peut écarter des Triomphes.

Il ne ſuffit pas auſſi de dire, je jouë en Amour, Guerre, ou Indifference, pour dire en Trefle, Pique, ou Carreau ; en un mot, il faut nommer formellement, & il n'y a point d'équivalent qui ſuffiſe.

Si l'Hombre, aprés avoir

vû ſa rentreé, ſe ſouvient qu'il n'a pas nommé ſa couleur, & qu'il la nomme devant que l'on en ait nommé une autre, il n'encoure aucune peine, & ſa couleur eſt bien nommée.

Si l'Hombre nomme une couleur pour l'autre, il doit joüer en celle qu'il nomme la premiere : ainſi ſi ayant Jeu à joüer en Pique, il diſoit, je jouë en Cœur, dis-je, Pique, il ſeroit obligé de joüer en cœur

En ce cas il luy eſt permis de refaire ſon écart, ſuppoſé que la rentrée ne ſoit pas jointe à ſon Jeu.

Des Metadors & de leurs Privileges.

Il n'y a proprement que trois Matadors, Eſpadille, Manille & Baſte, qui ſont les trois premieres Triomphes de la couleur où l'on jouë.

Eſpadille eſt toûjours l'As de Pique.

Manille eſt le Deux en noir, & le Sept en rouge, & le Baſte eſt l'As de Treſle.

Le Privilege des Matadors eſt de ne pouvoir être forcez par aucune Triomphe inferieure; un exemple éclaircira cecy.

Supposons que j'aye en main le Baste seul, c'est-à-dire sans autre Triomphe, & que celuy qui est premier en Carte jouë le Roy de Triomphe ; je ne suis pas obligé de mettre mon Baste, & je m'en vas de telle Carte qu'il me plaît de celles que j'ay dans la main.

J'ay dit d'aucune Triomphe inferieure, parce que les superieurs forcent les inferieures : ainsi dans l'exemple ci-dessus, si le premier en Carte joüoit Espadille ou Manille, qui sont Triomphes superieures au Baste, je serois obligé de le mettre ;

parce

parce que, comme nous avons dit, le superieur force l'inferieur.

Remarquez cependant, qu'il faut que ce soit le premier qui jouë le Matador superieur pour forcer l'inferieur.

Car, par exemple, si je suis dernier en Carte & que j'aye le Baste seul, si le premier jouë à Tout du Roy, & que le second mette Espadille sur le Roy, je ne suis pas obligé de mettre le Baste, parce que Espadille n'a point été joüé par le premier.

Quand je dis par le remier, je n'entends pas le

premier en Carte, mais celuy qui joüe aprés avoir fait la levée derniere.

Un autre privilege des Matadors, eſt d'être payez d'un Jetton quand on les joüe ſimples, ou de deux quand on les joüe doubles, comme nous l'expliquerons plus amplement.

Mais pour être payez, il faut qu'ils ſoient tous les trois dans la main de celuy qui joüe, autrement ils ne ſe payent point.

Autrefois l'Hombre les payoit quand il faiſoit la Bête, & que les trois Matadors étoient dans la main de l'uu ndes deux autres ; mais cela n'eſt plus en uſage.

Si l'Hombre gagne avec les trois Matadors, il ſe les fait payer ; s'il perd, il les paye aux autres. Ce privilege ſe communique à toutes les autres Triomphes qui ſont de ſuite, & ces Triomphes uſurpent alors le nom de Matadors : Ainſi celuy qui a les quatre premieres Triomphes, ſe fait payer quatre Matadors ; s'il a les cinq premieres, il en fait payer cinq ; & ainſi des autres à proportion, juſqu'à neuf : mais il faut pour être payez, que les Triomphes ſoient de ſuite.

De la maniere de diſpoſer le Jeu.

Il faut d'abord compter pour chacun des Joüeurs vingt Jettons & neuf Fiches, & ſe ſouvenir que chaque Fiche vaut vingt Jettons & s'appelle Cent.

Il faut enſuite convenir de la valeur de chaque Fiche : ſi elle vaudra cinq, dix, vingt, trente ſols, ou plus ou moins ; & c'eſt ce qu'on appelle joüer aux cinq, aux dix, ou aux trente ſols le Cent.

Aprés quoy il faut tirer

les places ; ce qui ſe fait en mettant aux trois places où ſont comptez les Jettons, trois Cartes de differentes couleurs, & en prenant trois des mêmes couleurs, que l'on fait tirer au ſort aux trois Joüeurs ; & chacun ſe place à la couleur qu'il a tirée.

Il y avoit autrefois des ceremonies tres-incommodes, chacun ſe déferant l'honneur de tirer le premier dans les trois Cartes que l'on préſente ; mais on les a ſupprimées: & l'uſage eſt que celuy qui eſt entré le dernier dans la Chambre, tire le premier.

On ne laiſſe pas encore de faire quelquefois quelques complimens ; mais cela ceſſe dés le moment qu'on allegue la loy de tirer le premier quand on eſt entré le dernier.

Chacun ayant tiré & s'étant mis à ſa place, on regarde à qui fera ; & pour cela on tourne une Carte au milieu de la Table, aprés quoy en diſtribuant aux trois Joüeurs des Cartes tournées l'un aprés l'autre, celuy qui a la plus haute de la couleur de celle qui eſt au milieu de la Table, eſt celuy qui fait.

Il y a ſi peu de deſavantage à faire d'abord, que les Meſſieurs ſe font ordinairement honneur de ſervir les Dames. Mais quand il y a deux Dames & un Homme, l'uſage eſt que les Dames ſervent l'Homme.

De la maniere de donner les Cartes.

Nous avons dit que chacun des Joüeurs doit avoir neuf Fiches & vingt Jettons avant de donner : on marque le Jeu, en mettant chacun trois Jettons devant ſoy, & deux à chaque fois que l'on Passe ; & l'on appelle cela joüer trois & deux. Autrefois on ne mettoit devant soy que deux Jettons chacun, & un chaque fois qu'on passoit ; mais cela ne se pratique plus : cependant il y en a encore qui ne mettent qu'un Jetton à chaque Passe, & cela s'appelle joüer aux trois & un.

Chacun des Jettons qui marquent le Jeu, en vaut trois : & cette maniere abregée de marquer, est afin que l'on voye plus facilement si tous ont bien marqué.

Le Jeu étant marqué, celuy qui doit faire bat les Cartes, fait couper celuy qui est à sa gauche ; & les donne trois à trois, jusqu'au nombre de neuf que chacun doit avoir.

Il n'est pas permis de donner les Cartes autrement que trois à trois ; & si on les donnoit d'une autre maniere, par mégarde ou autrement, le coup est nul, & celuy qui a fait doit refaire.

Si les trois passent*, on en remet chacun deux devant soy ; & cela autant de fois que l'on passe.

Enfin, s'il se trouve que le premier en Carte a beau jeu, il demande aux autres :

joüez-vous ſans prendre ? (nous ſuppoſons icy que les autres n'ont pas de jeu,) ils répondent que non.

Aprés quoy il fait ſon écart, & écarte trois, quatre, cinq ou ſix Cartes, ſelon le jeu qu'il a : il prend le Talon à la droite de celuy qui a fait, met à la place les Cartes qu'il écarte, nomme la couleur en laquelle il veut joüer, prend dans le Talon autant de Cartes qu'il en écarte, & remet le reſte du Talon au milieu de la Table ; quand cela s'obſerve, on n'eſt jamais en peine de ſçavoir à qui c'eſt à joüer ; car c'eſt toûjours à celuy qui a les écarts à ſa gauche.

Si en donnant les Cartes il y en a une tournée, on continuë comme ſi de rien n'étoit, à moins que ce ne ſoit un As noir, auquel cas on refait : cependant ſi c'eſt celuy qui donne qui la tourne en donnant, il eſt au choix de celuy à qui elle va de la recevoir ou de la rejetter.

A l'égard des deux autres ils peuvent joüer, en avertiſſant auparavant qu'ils ont dix Cartes ; auquel cas ils en doivent écarter une de plus qu'ils n'en prennent dans le Talon : car si aprés l'écart fait ils en avoient dix, ils feroient la Bête ; ils la feroient pareillement, s'ils demandoient si l'on jouë, sans avoir auparavant accusé qu'ils ont dix Cartes.

A l'égard de celuy qui dit Passe avec dix Cartes, on le jouë differemment : en bien des endroits on ne fait pas la Bête pour cela ; en d'autres on la fait.

Pour moy je trouve trop de severité à faire la Bête, pour passer avec dix Cartes ; car il arrive souvent qu'un Joüeur est d'un malheur affreux : il ne voit que des Trois & des Quatre dans ſon jeu, il n'a pas le courage de regarder ſes Cartes, & on luy fera faire la Bête pour ne les avoir pas comptées ! Je ſuis donc de l'avis de ceux qui ne la font faire que quand on a dix Cartes aprés avoir écarté.

Autrefois on étoit là-deſſus d'une exactitude ſi grande, que ſi un Joüeur avoit dit, je paſſe, j'ay dix Cartes, il auroit fait la Bête : à preſent on a proſcrit cette ſeverité Eſpagnole, & on joüe d'une maniere plus humaine.

Si celuy à qui on a donné dix Cartes veut joüer ſans prendre, il faut qu'il batte ſes Cartes, & que l'on en tire une au hazard, que l'on met dans l'écart ; mais aprés qu'il a conſenty que l'on luy en tire une, il eſt obligé de joüer ſans prendre.

Ce que nous avons dit quand on a dix Cartes, ſe doit auſſi entendre quand on n'en a que huit ; car la peine eſt égale pour plus comme pour moins.

Si celuy qui n'en auroit que huit vouloit joüer ſans prendre, il faudroit qu'il fiſt avec ſes huit Cartes aſſez de levées pour gagner: s'il joüoit en prenant, il en prendroit du Talon une de plus qu'il n'en écarteroit.

Si celuy qui fait, aprés avoir donné, s'aviſoit de retourner une Carte du Talon par mégarde ou autrement, il ne peut joüer & fait la Bête, & n'ôte point aux deux autres la liberté de joüer. De même, ſi l'un des Joüeurs en remettant le Talon ſur la table ou autrement tourne une Carte de celles qui reſtent au Talon, on joüe le coup, & il fait la Bête.

De la maniere de joüer sans prendre.

Joüer sans prendre, c'est joüer sans écarter; & pour cela il faut se sentir assez beau jeu pour faire cinq levées.

Le droit de celuy qui joué sans prendre, étoit autrefois de se faire payer six Jettons par chacun des Joüeurs pour le sans-prendre.

Mais presentement on joue presque par-tout le sans-prendre, & les Matadors doubles.

C'est à dire que l'on donne

à

à celuy qui joüe ſans prendre, douze Jettons pour le ſans-prendre, & deux pour chaque Matador.

Remarquez qu'il les faut demander avant qu'on ait coupé ; car ſi on a coupé il y a preſcription, & ils ne ſe payent plus.

Il n'en eſt pas de même de la Bête, que l'on peut demander, quoyqu'on ait joüé plusieurs coups depuis.

Si c'eſt le premier en Carte qui jouë ſans prendre, il nomme ſa couleur, & les autres font leurs écarts comme nous avons dit cy-deſſus, & comme nous le dirons plus amplement dans la ſuite : & s'il a jeu ſûr, comme ſeroient cinq Matadors, il peut dire, je jouë ſans prendre, & montre ſon jeu ſans être obligé de nommer ſa couleur.

Si celuy qui a joüé ſans prendre fait cinq levées, où une de plus que celuy des deux autres qui en fait davantage, il ſe fait payer ce qui eſt marqué au jeu, & par-deſſus cela le ſans-prendre : s'il perd, il paye le ſans-prendre aux deux autres, c'eſt à dire qu'il leur donne chacun douze Jettons.

Si le premier en Carte demande ſi l'on jouë ſans prendre, & que l'un des deux autres réponde que oüy, le premier a la préférence, & peut joüer sans prendre : s'il n'a pas jeu à joüer sans prendre, l'autre y joué d'obligation, nomme sa couleur, & se fait payer du sans-pendre s'il gagne, sinon il le paye, comme nous venons de dire. Si l'un des Joüeurs, hors le dernier en Carte, n'ayant pas jeu à joüer sans prendre, nomme sa couleur sans demander si l'on joué, il est obligé de joüer sans prendre.

Si cela se faisoit aprés avoir fait son écart & en

prenant le Talon, parce qu'il ſe croiroit le dernier en Carte, il ne ſeroit pas obligé de joüer ſans prendre; mais celuy qui eſt devant ne perdroit pas pour cela le droit de parler le premier, & de luy demander s'il joüe ſans prendre.

De la maniere d'écarter.

Quand l'Hombre joüe ſans prendre, il n'eſt pas difficile d'écarter; le premier peut prendre juſqu'à huit Cartes, & même neuf; mais ce ſeroit ne ſçavoir pas le Jeu, car on en doit laiſſer au moins cinq à celuy qui doit écarter aprés, afin que les triomphes ne ſe partagent pas.

Lorſque l'Hombre ne jouë pas ſans prendre, celuy qui écarte aprés luy ne doit jamais aller au fonds qu'il n'ait quelque Matador ou quelques fortes Triomphes avec des Rois.

Aller au fonds, c'eſt laiſſer moins de cinq Cartes à celuy qui doit écarter aprés; & c'eſt ruïner le Jeu, en partageant les Triomphes; ce qui fait fort ſouvent gagner l'Hombre.

Il eſt donc de la diſcretion de celuy qui doit écarter le premier aprés l'Hombre, de voir si avec les Triomphes qu'il peut raisonnablement esperer dans les cinq ou six Cartes qu'il tire du Talon, il peut faire trois ou quatre levées, sans quoy il doit laisser cinq Cartes à celuy qui écarte aprés luy.

Il est vray qu'il n'est pas necessaire que les quatre levées soient aussi sûres que s'il étoit l'Hombre ; la raison est que le tiers l'aide en faisent *Gano* de ses Rois, & en forçant les Triomphes de l'Hombre.

Si l'Hombre ne jouë pas ſans prendre, il écarte le premier, & celuy qui eſt à ſa droite aprés : s'il jouë ſans prendre, il ne fait point d'écart, & celuy qui eſt à ſa droite écarte le premier.

Remarquez donc que pour écarter on ne regarde pas qui eſt premier, oũ dernier en Carte ; mais que les écarts ſe font toûjours en défilant par la droite de celuy qui jouë.

L'Hombre doit être attentif à la maniere d'écarter des autres, & prendre garde qui eſt celuy qui va au fonds ; car il doit s'en donner de garde, & tâcher de faire faire deux levées à celuy qui n'y va pas, s'il n'a pas assez de jeu pour gagner sans cela.

S'il reste quelques Cartes du Talon, celuy qui a écarté le dernier peut les voir, s'il veut, auquel cas les deux autres peuvent aussi les voir; mais s'il ne les voit pas, celuy des deux autres qui les regarde fait la Bête.

Si l'un des Joüeurs en écartant prenoit trop de Cartes, il ne fait pas pour cela la Bête, pourvû qu'il ne les ait pas vûës, & il en est quitte pour remettre sur

le

le Talon celles qu'il prend de trop.

Si elles ſont mêlées avec ſon jeu, on les tire au hazard.

S'il en prend trop peu, c'eſt preſque la même choſe : ſi le Talon eſt encore ſur le tapis, il en prend ce qui luy manque; s'il n'y eſt plus, il les prend au hazard dans les écarts.

De la maniere de jouër les Cartes.

Les écarts étant faits, le premier en Carte jouë le premier : & l'on continuë à chaque levée, comme dans tous les autres Jeux, en commençant par celuy qui a fait la levée.

Ce qu'il faut obſerver, c'eſt,

1. Que quand on n'a point de la couleur dont on jouë, on n'eſt pas obligé de mettre de Triomphe ſi on ne le juge à propos.

2. Que ſoit que l'on jouë à tout ou d'une autre couleur, on n'eſt pas obligé de mettre au-deſſus, pourvû qu'on fourniſſe de la couleur dont on jouë, cela ſuffit.

3. Que quand un de ceux qui défendent la Poule de-

mande. *Gano* à ſon camarade, il le doit faire s'il le peut, à moins qu'il ne puiſſe faire une main autrement.

On appelle faire *Gano*, laiſſer paſſer à celuy qui demande *Gano*, la Carte qu'il jouë, quoy qu'on ait au-deſſus. Par exemple, un de ceux qui défendent la Poule, jouë la Dame de Pique, & demande *Gano* du Roy: ſon camarade ne met pas le Roy, mais il faut pour cela qu'il ait un petit Pique; car ſi le Roy eſt ſeul, il eſt obligé de la mettre, à peine de faire la Bête.

4. Quand un de ceux qui

défendent la Poule, en jettant ſa Carte frappe ſur la Table, c'eſt un avis qu'il donne à ſon camarade de couper d'une forte Triomphe pour forcer l'Hombre.

Autrefois on faiſoit la Bête quand on joüoit devant ſon rang ; preſentement cela ne ſe fait plus, ſi l'on n'en convient.

L'uſage étoit encore, que quand on avoit tiré le moins du monde une Carte hors de ſon Jeu, l'Hombre qui l'avoit vûë la demandoit, & on étoit obligé de la joüer, ſi cela ſe pouvoit ſans renoncer ; preſentement il faut qu'elle ſoit ſur le tapis pour n'avoir plus la liberté de la retirer.

Comme il eſt important de ſçavoir le nombre des Triomphes qui ſont joüées & de celles qui reſtent, il eſt permis de voir les levées des autres, & de les examiner tant & ſi long-temps que l'on veut ; & cela eſt également permis, quoy qu'il n'y ait point de Triomphes joüées.

Si le Jeu ſe trouvoit faux, le coup eſt nul, ſi on s'en apperçoit en le joüant ; mais ſi on ne s'en apperçoit qu'aprés qu'il eſt joüé, il eſt bon.

Or le coup eſt cenſé joüé, quand il n'y a plus de Cartes dans les mains d'un des trois Joüeurs, ou lors que celuy qui jouë a cinq levées faites, & qu'il baiſſe ſon jeu.

De la Bête.

La Bête ſe fait toutes les fois que celuy qui jouë ne gagne pas.

Il faut pour gagner, que l'Hombre faſſe cinq levées.

Il peut auſſi gagner en n'en faiſant que quatre, ſi les cinq autres ſont partagées, en ſorte que l'un de ceux qui défendent en faſſe deux, & l'autre trois.

La Bête ſe fait encore quand on joüe avec plus ou moins de neuf Cartes.

Elle ſe fait quand on renonce : Or pour avoir renoncé, il ne ſuffit pas d'avoir lâché ſa Carte ſur la Table ; il ne ſuffit pas même que celuy qui feroit la levée ait jetté ſa Carte pour la levée ſuivante, il faut que la levée ſoit pliée, ſans quoy l'on peut reprendre ſa renonce, & obeïr.

Si l'un des deux qui défendent la Poule étant diſtrait, ne ſe ſouvenoit plus de la couleur & la demandoit à l'autre, qui ou par distraction ou autrement, diroit, par exemple, Pique pour Trefle; celuy qui couperoit avec un Pique, auroit renoncé, & feroit la Bête si la main étoit pliée, & ne seroit pas reçû à dire qu'on luy a dit que la Triomphe étoit en Pique : or la main est pliée lors qu'elle est hors le milieu du tapis, & posée devant l'un des Joüeurs, quoy que ses Cartes soient tournées.

Quand on s'apperçoit de la renonce, si cela fait préjudice au jeu, chacun reprend ses Cartes, & on rejoüé de nouveau, en commençant par la levée où la renonce s'eſt faite. Cependant ſi toutes les Cartes étoient joüées, la Bête ſeroit faite, & on ne reprendroit pas ſes Cartes. Si l'on renonce pluſieurs fois, on fait autant de Bêtes.

Toutes les Bêtes qui ſe font dans le même coup, vont enſemble le coup d'aprés. Ainſi, ſi l'un faiſoit la Bête pour avoir dix Cartes, l'autre pour avoir renoncé, & le troiſiéme pour n'avoir pas fait aſſez de levées; ce ſont trois Bêtes qui iroient enſemble le coup ſuivant, ſi l'on ne convenoit de les ſeparer.

Quand il y a pluſieurs Bêtes, aprés que la premiere eſt tirée, la plus forte ſe tire, & ainſi des autres qui ſuivent. Celuy qui fait une Bête ſur une autre, les peut faire aller toutes les deux enſemble, ſans que les autres l'en puiſſent empêcher.

Remarquez que toutes les Bêtes qui ſe font en quelque maniere que ce ſoit, ſont de tout ce que l'Hombre tire quand il gagne; ainſi il eſt de la prudence des Joüeurs d'éviter de tomber dans ces inconveniens, & de ſuivre la maxime des ſages Joüeurs, qui aprés avoir pris ce qu'ils veulent de Cartes au Talon, comptent le tout avant de les regarder, pour ſçavoir s'ils n'en ont pas plus ou moins de neuf.

Remarquez encore, que les levées peuvent ſe partager en differentes manieres, ſuivant leſquelles on gagne ou on fait la Bête.

Il n'y a que deux manieres de gagner, dont nous avons déja parlé, & dont il n'y a plus rien à dire : nous ne parlons que des manieres dont on fait la Bête.

Quand chacun fait trois

levées, l'Hombre fait la Bête, & c'est ce qu'on appelle Remise par trois.

Quand l'Hombre en fait quatre, & un de ceux qui défendent quatre, l'Hombre fait encore la Bête; & c'est ce qu'on appelle simplement Remise, *Riposte*, ou *Repuesta*.

Quand l'Hombre fait quatre levées, & que l'un des deux autres en fait cinq; & quand l'un des deux qui défendent la Poule en fait quatre, l'Hombre trois, & le tiers deux, l'Hombre fait la Bête, & celuy qui en fait plus que luy gagne; & c'est ce qu'on appelle gagner de Codille. Nous en ferons un Article particulier.

Du Codille.

Le Codille eſt au Jeu de l'Hombre, ce qu'eſt le Contre au Jeu de la Bête ; avec cette difference, qu'au Jeu de la Bête il faut dire Contre pour gagner, & qu'au Jeu de l'Hombre on ne le dit pas, & qu'on ne laiſſe pas de gagner quand on fait cinq levées, ou que l'on en fait quatre, & que les cinq autres ſont partagées, en ſorte que l'un en faſſe deux, & l'autre trois.

Celuy qui aſpire au Codille, doit être de bonne foy, & ne pas demander *Gano* quand il peut faire quatre levées ſans cela ; mais comme il n'y a point de peine contre celuy qui le demande, bien des gens ne ſont pas trop ſcrupuleux là-deſſus ; ce que l'on peut faire, c'eſt d'être ſur ſes gardes contre ces gens-là pour le reſte de la repriſe, & ne plus joüer avec eux une autre fois pour éviter cet inconvenient : il y a bien des gens qui demandent *Gano* ſans conſequence ; & s'ils gagnent de Codille, on n'en impute point la faute à celuy qui l'a demandé, mais à celuy qui a eu trop de facilité à le faire.

Celuy qui gagne Codille, tire ce que l'Hombre auroit tiré s'il avoit gagné.

Si l'Hombre demande *Gano* pour empêcher le Codille, il fait la Bête, & cela n'eſt nullement permis.

Il y a des gens, qui aprés avoir vû leur rentrée qui n'eſt pas favorable, demandent à s'en aller, ou à faire la Bête pour nuire au Codille : cela eſt ſi fort éloigné de l'eſprit du Jeu de l'Hombre, qu'il n'y a point de loy ſur cet article; auſſi cela n'eſt-il en uſage que parmi des gens qui ne ſe piquent pas des bonnes manieres.

Il n'eſt donc pas permis, en quelque maniere que ce ſoit, de nuire au Codille, ſi ce n'eſt en joüant ſagement, & en ne faiſant pas *Gano*, ſi l'on croit qu'il le demande mal à propos.

Il faut encore ſe ſouvenir qu'il vaut mieux riſquer de donner Codille, que de faire gagner l'Hombre.

Lors que celuy qui aſpire au Codille demande *Gano* à ſa quatriéme levée, & qu'il en a une ſûre dans la main, il ne doit pas tirer la Poule; il en eſt de même, ſi 'il demandoit ſa troiſiéme levée, & qu'il en eût deux ſûres dans la main.

Cependant s'il avoit demandé *Gano*, & que ſans cette levée il ſe trouvât avoir Codille ſûre, il livreroit la Poule.

De la maniere de marquer le Jeu.

Il faut ſe ſouvenir que chaque Jetton qui marque le Jeu en vaut trois.

Il faut encore ſçavoir que

quand les Joüeurs ont marqué diverſement l'un plus l'autre moins, on paſſe ſuivant celuy qui marque le plus, & l'on fait la Bête de même.

Cela ſuppoſé, on commence à marquer le Jeu en mettant chacun trois Jettons devant ſoy, comme vous voyez.

Si l'on paſſe, & qu'aucun des trois n'ait jeu à joüer, on met encore chacun deux Jettons devant ſoy en cette maniere.

Et toutes les fois que l'on passe, on en ajoûte deux sur la même ligne que les autres, si ce n'est quand on jouë trois & un, auquel cas on en met d'abord trois & un chaque fois que l'on passe.

Quand la Poule est retirée, on recommence, en remettant chacun trois Jettons devant soy : mais quand il y a plusieurs Bêtes, aprés avoir tiré la premiere, on ne met au Jeu que chacun deux Jettons, & cela tant qu'il y a des Bêtes à tirer.

Si l'on gagne Codille, quoy qu'il y ait encore des Bêtes, chacun met trois Jettons devant ſoy, & cela ne ſe pratique qu'à celles que l'on gagne de Codille, & s'il y en avoit d'autres à tirer aprés un coup qu'on ne gagne pas de Codille, on ne les marqueroit qu'avec deux Jettons, quand on jouë trois & un, on en met trois au Codille, & un aux autres Bêtes.

La Bête ſe marque avec deux Jettons au deſſous; par exemple, chacun met d'abord trois Jettons au Jeu;

ſuppoſons qu'on paſſe, on en remet encore chacun deux, ce ſont cinq Jettons devant chaque Joüeur qui font le Jeu, & qui ſe marque comme dans la Figure ſuivante.

Si l'Hombre perd, la Bête ſera de quarante-cinq Jettons, parce qu'il y en a cinq devant chaque, qui font quinze, puiſque chaque Jetton en vaut trois. Or quinze Jettons devant chacun des trois Joüeurs font quarante-cinq; la Bête ſe marque, comme on voit dans la Figure cy-dessous.

Et autant de fois que l'on passe, on met sur les Jettons du dessous deux autres Jettons, suivant qu'il est marqué cy-aprés.

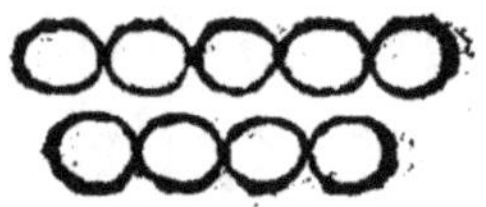

Celuy qui fait la seconde Bête la fait du total, c'est-à-dire des cent vingt-six Jettons; car il y a d'abord cinq Jettons devant chacun du fond du Jeu, qui font quarante-cinq, comme on vient de l'expliquer. Quarante-cinq de la premiere Bête, & quatre Jettons devant chacun qui ont été mis pour les Passes, qui font trois fois douze qui valent trente-six; joignez à ces trente-six Jettons de Passes quarante-cinq du fond du Jeu, quarante-cinq de la premiere Bête, & vous trouverez que ces trois nombres de Jettons se montent à cent vingt-six, qui font la seconde Bête qui se marque ainsi.

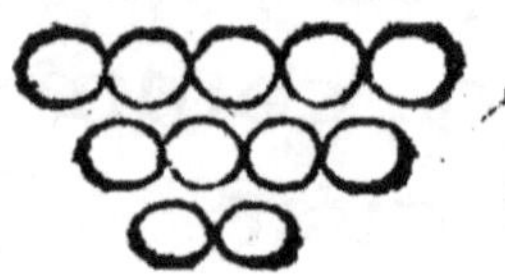

Celuy qui en fait une troiſiéme, ne la fait plus forte que des Jettons qui ſont au deſſous de la ſeconde Bête, & elle ſe marque en mettant encore au deſſous ; & cela autant que l'on fait de Bêtes ; mais pour obvier à cette difficulté de compter les Bêtes, qui embaraſſe bien des gens ; on ſe ſert de Marques d'Yvoire, où les Bêtes ſont chiffrées, que l'on met devant ceux qui les ont faites.

En voicy une Table pour la

la commodité de ceux qui n'ont pas de marques, où on verra la valeur des Bêtes que l'on peut faire.

1 27	2 45	3 63	4 81	5 99
6 117	7 135	8 153	9 171	10 189
11 207	12 225	13 243	14 261	15 279
16 297	17 315	18 333	19 351	20 369
21 387	22 405	23 423	24 441	25 459
26 477	27 495	28 513	29 531	30 549

De la Vole.

La Vole se fait quand on fait toutes les levées.

L'avantage de celuy qui fait la Vole, eſt de tirer toutes les Bêtes qui ſont au Jeu; mais quand il n'y a point de Bêtes, ou qu'il n'y en a qu'une, il gagne le double de ce qu'il auroit gagné. Si, par exemple, il y a cinq Jettons devant chacun, & une Bête de vingt-ſept, ce ſont ſoixante-douze qu'il y a à la poule; ſçavoir, quarante-cinq aux Tours, & vingt-ſept de la Bête: les deux autres, outre la Poule qu'il tire, luy doivent encore trente-ſix Jettons chacun. Il en eſt de même quand il y en a plus ou moins; mais s'il y a deux Bêtes, il les tire, & on ne luy doit rien davantage. Mais si plusieurs Bêtes alloient ensemble, parce qu'elles auroient été faites le même coup, ou parce que celuy qui auroit fait la derniere les auroit mises ensemble, on paye le double, comme s'il n'y en avoit qu'une.

La Vole n'est pas aisée à faire, & il ne faut pas l'entreprendre qu'à bon titre, parce que quand on l'a une fois entreprise, il n'est plus temps de s'en dédire.

Or la Vole est entreprise, quand aprés avoir fait

les cinq premieres levées, l'Hombre jouë ſeulement une Carte ; auquel cas les deux autres peuvent ſe montrer leur Jeu, & convenir de ce qu'ils garderont pour l'empêcher.

Il faut ici ſe ſouvenir, que l'Hombre qui regarde ſon écart, aprés avoir pris pareil nombre de Cartes du Talon & les avoir vûës, ne peut faire la Vole.

Si celuy qui entreprend la Vole ne la fait pas, les deux autres partagent entre eux tout ce qui eſt au Jeu, c'eſt à dite, les Tours & les Bêtes ; cependant ſi l'Hombre a joüé ſans prendre, ou s'il a des Matadors, il ſe les fait payer, quoy qu'il ne tire rien du Jeu.

De la durée du Jeu.

Comme ce Jeu demande de l'application, on y met des bornes, & on convient du nombre des Poules que l'on veut joüer; & cela ſe regle ordinairement à vingt, trente ou quarante au plus.

Quand on eſt convenu du nombre, à meſure que l'on gagne les Poules, on tire un Jetton, que l'on met à part : & ces Jettons aſſemblez qui marquent la durée du Jeu, ſervent auſſi à payer les Cartes; cependant, on ne marque point, lors qu'on gagne Codille.

Quand les coups ſont achevez, on peut joüer les Tours; c'eſt à dire trois coups pour chacun, ou juſqu'à la premiere Bête, mais il n'y a nulle obligation ſi on ne l'a dit, & on n'a point lieu de ſe plaindre d'un Joüeur qui ne le veut pas.

Si l'un des deux, par chagrin ou autrement, vouloit quitter le Jeu avant que la repriſe fut achevée, il doit payer non-ſeulement ce qu'il perd, mais ce que les autres perdent, & même les Cartes.

Ce que je dis s'entend quand on joüe avec d'honnêtes gens; car ſi l'on ſe trouvoit entre deux fripons, ce ſeroit autre choſe.

Des differens Jeux qui ſe peuvent joüer.

Rien n'embarraſſe plus ceux qui commencent à joüer à l'Hombre, que de ſçavoir quand ils ont Jeu à joüer, ou quand ils doivent paſſer; & c'eſt pour lever en quelque façon cette difficulté, que l'on a aſſemblé ici les plus petits Jeux qui ſe peuvent joüer, afin que l'on ſçache à quoy s'en tenir.

La regle generale, eſt qu'il faut avoir en ſa main trois levées ſûres en Triomphes pour entreprendre de joüer; car c'eſt tout ce que l'on peut eſperer en quatre ou cinq Cartes que l'on prend, de tirer de quoy faire deux levées. Or il n'en faut pas moins, puis que, comme nous avons dit, il faut preſque toûjours cinq levées pour gagner.

Cependant, comme on eſpere de partager les levées, & d'en faire faire deux à l'un

& trois à l'autre, on joue quelquefois plus hardiment.

Voilà donc un détail des Jeux les plus petits qui se peuvent raisonnablement joüer. Nous commencerons par les couleurs noires, c'est à dire Pique ou Trefle : mais auparavant il est bon d'avertir qu'on jouë en toute couleur avec les trois Matadors, c'est pourquoy nous n'en dirons rien.

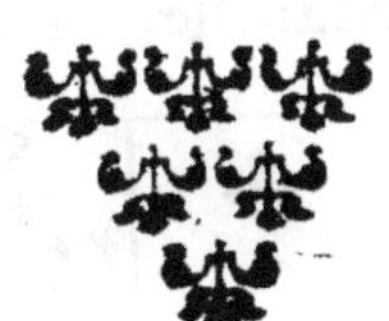

Jeux en noir qui ſe joüent.

1. Manille. Baſte. Roy. Cinq.

2. Eſpadille. Baſte. Roy. Cinq.

3. Eſpadille.. Manille. Roy. Quatre..

4. Espadille Manille. Six. Sept.

5. Espadille. Baste. Dame. Sept.

6. Manille Baste. Dame. Cinq. Six.

7. Espad. Roy. Dame. Valet. Sept.

8. Manille. Roy. Dame. Valet Sept.

9. Baste. Roy Dame. Valet. Sept.

10. Manille. Baste. Sept. Six.

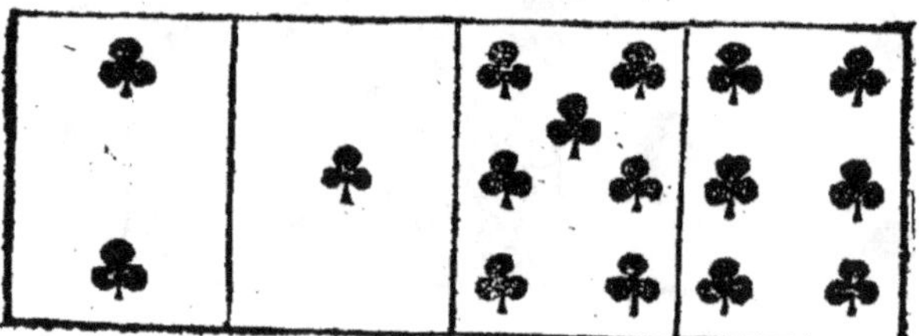

Cinq. Quatre.

11. Roy. Dame. Valet. Sept.

Six. Cinq.

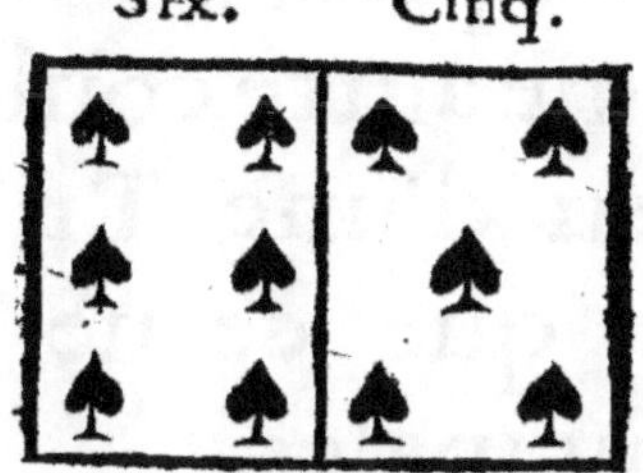

12 Espad Roy. Dame. Quatre. Trois.

Il y en a une infinité d'autres dont il n'est pas possible de faire le détail.

Remarquez, 1°, Qu'il

faut que les Cartes ſoient toutes de la même couleur, à la reſerve des As noirs, qui ſont toûjours Triomphes.

Remarquez, 2°. Qu'un Roy d'une autre couleur peut tenir lieu d'une Triomphe, pourvû que ce ne ſoit pas des principales.

3°. Remarquez que quand un Roy eſt chargé, c'eſt à dire, que quand on a beaucoup de Cartes de la même couleur à écarter, on ne doit pas y faire beaucoup de fond, parce qu'ils ſont preſque toûjours couppez. Paſſons aux couleurs rouges.

Jeux qui ſe jouënt en Rouge.

1. Eſpadille. Manille. Ponte. Quatre.

2. Baſte. Manille. Ponte. Deux.

3. Eſpadille. Baſte. Ponte. Trois.

4. Eſpadille. Manille. Roy. Dame.

5. Eſpad. Manille. Valet. Trois. Roy.

6. Eſpad. Baſte. Roy. Dame. Valet.

7. Baſte. Ponte. Roy. Dame. Valet.

8. Manille

8. Manil. Ponte. Roy. Dame. Valet.

9. Manil. Baste. Roy. Dame. Trois.

10. Manille. Baste. Valet. Deux.

Trois. Cinq.

11 Espadil. Baste. Roy. Deux. Roy.

Remarquez, 1°. Que ce que nous avons dit des Jeux qui ſe joüent en noir, ſe doit entendre à proportion de ceux qui ſe joüent en rouge.

Remarquez en ſecond lieu, que comme il y a plus de Triomphes en rouge qu'en noir, il faut plus beau Jeu pour y pouvoir gagner.

Remarquez en troiſiéme lieu, que les Jeux que nous avons ci-devant marquez, ſont les plus petits qui ſe joüent, & qu'il y en a une infinité d'autres plus beaux dont nous n'avons pas crû devoir parler.

Remarquez encore, qu'il faut un Jeu plus fort quand on eſt en Cheville, c'eſt-à-dire, quand on n'eſt ni premier ni dernier ; la raiſon eſt, que l'on fait des retours qui embarraſſent, & qui ſont cauſe qu'on eſt preſque toûjours ſurcoupé.

Aprés avoir donné un détail des Jeux qui ſe joüent en écartant, il faut parler de ceux qui ſe joüent ſans prendre ; c'eſt ce que l'on va voir dans les Jeux ſuivans.

Jeux en noir qui ſe jouënt ſans prendre.

1. Eſpadil Manille. Baſte. Roy. Six. & une Renonce.

Cela fait quatre Matadors, cinquiémc & une Renonce.

2. Eſpadille. Manille. Roy. Valet.

Roy. Roy. & Renonce.

une Renonce.

3. Espadille. Manille. Baste. Roy.

Roy. Roy.

4. Espadille. Manille. Baste. Six.

Trois. Quatre. & Renonce,

une Renonce.

5. Manille. Baste. Dame. Valet.

Quatre. Trois. Roy.

6. Manille. Baste. Roy. Six.

Cinq. Quatre. & Renonce.

une Renonce.

7. Baſte. Roy. Valet. Sept.

Six. Roy.

8. Roy. Dame. Valet. Sept.

Six Cinq. Quatre. Roy.

9. Espadille. Roy. Dame. Sept.

Six. Quatre. Roy. Renonce.

une Renonce.

10. Manille. Roy. Dame. Valet.

Sept. Quatre. Roy Renonce.

une Renonce.

Jeux

Jeux en Rouge qui ſe joüent ſans prendre.

1. Eſpadille. Manille. Baſte. Trois.

Quatre. Cinq Roy.

2. Eſpadille Sept. Baſte Roy.

Trois. Roy.

3. Eſpadille. Manille. Ponte. Six.

Trois. Roy. Dame gardée.

Dame gardée.

4. Sept. Baſte. Dame. Valet.

Deux. Six. Roy. Dame gardée.

Dame gardée.

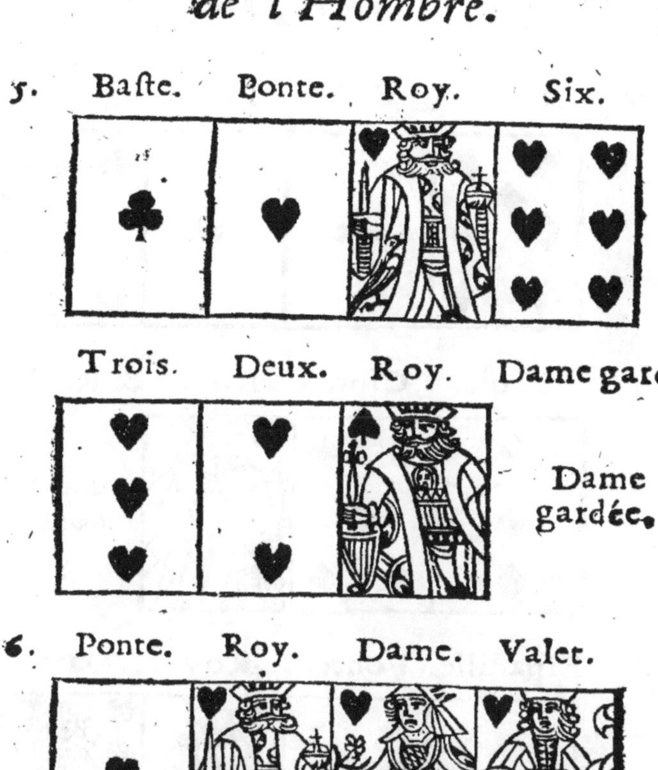

6. Ponte. Roy. Dame. Valet.

Deux. Trois. Six. Roy.

7. Sept. Baste. Ponte. Quatre.

Trois. Cinq. Roy. & Renonce.

une Renonnce.

8. Espadille. Ponte. Roy. Dame.

Deux Six. Roy.

Valet gardé.

Les bons Joüeurs le joüent encore ſans prendre à bien plus petit Jeu ; ſur tout, lors qu'ils ſont premiers ou derniers.

Pluſieurs perſonnes ont ſouhaité quelques regles pour la conduite du Jeu : c'eſt pour les contenter qu'on a jugé à propos de mettre ici quelques coups que l'on peut perdre en les joüant mal, & que l'on gagne quand on les joüe comme il eſt marqué.

On ne doit pas s'attendre d'avoir ici des maximes infaillibles pour gagner quand on joüe de la maniere qu'on le prescrit icy, parce que le Jeu des deux qui défendent peut être tout autrement disposé que dans les Exemples que l'on a choisis : mais hors les coups extraordinaires, il est certain que la maniere de joüer qui est ici marquée est la plus sûre.

Au reste, ce sont coups arrivez, que l'on a eu soin de rassembler.

L'Hombre jouë sans prendre en Pique.

Il étoit premier en Carte.

Jeu de l'Hombre.

Manille, Roy, Dame, Valet, & six de Triomphe,

Roy de Trefle, Roy de Carreau, Dame, & Trois de Cœur.

eu du second en Carte.

Espadille, Sept, Cinq, Quatre de Triomphe, Dame, & Valet de Trefle, Roy & Valet de Cœur, Six de Carreau.

Jeu du troisiéme en Carte.

Baste, & Trois de Triomphe, Valet, Quatre, Deux, & Trois de Carreau, As, Cinq, Quatre de Cœur.

L'Hombre perdit ce Jeu, pour avoir commencé à joüer par le Roy de Trefle. Le dernier en Carte le coupa, & remit en Cœur. Le ſecond fit ſon Roy & ſon Valet de Cœur ; il joüa Trefle, & fit appuyer du Baſte. Si l'Hombre avoit lâché, il eût perdu de Codille ; il prit, & elle fut remiſe.

Au lieu que commençant par à tout, il ne ſe peut perdre. En voici la preuve.

Le premier en Carte jouë à tout du Roy ; le ſecond prend de l'Eſpadille ; le troiſiéme obeït du Trois.

Le ſecond, qui a levé, jouë Trefle ; le rroiſiéme coupe de ſon Baſte ; & l'Hombre obeït de ſon Roy.

Celuy qui a levé jouë Cœur : l'Hombre met la

Dame, & le ſecond prend du Roy, qui luy fait une ſeconde levée. Il jouë enſuite le Valet de Cœur, qui luy fait ſa troiſiéme : mais il n'en fait pas davantage ; car il reſte à l'Hombre, Manille, Dame, Valet, & Quatre de Triomphe, & le Roy de Carreau, dont il fait ſes cinq levées.

Si l'on jouë Carreau, il entre par ſon Roy, & fait trois fois à tout, & enleve le Sept, le Cinq, & le Quatre qui reſtoient dans la main du ſecond. Si l'on jouë Trefle, il coupe du Six, & jouë pareillement trois fois à tout,

& fait ſa cinquiéme levée du Roy de Carreau, qui eſt bon, puiſqu'il n'y a plus de Triomphes.

L'Hombre joué ſans prendre en Trefle.

Il étoit en Cheville, c'eſt-à dire ſecond en Carte.

Jeu de l'Hombre.

Manille, Baſte, Roy, Dame, Cinq, & Trois de Triomphe, c'eſt-à-dire quatre faux Matadors ſixiéme; la Dame de Pique gardée, & le Valet de Carreau.

Jeu du premier en Carte.

Six de Triomphe, Roy, Six de Carreau, Roy, Valet, As & Six de Cœur, Six & Sept de Pique.

Jeu du dernier en Carte.

Eſpadille, Valet, Sept, Quatre de Triomphe, As, Deux, & Quatre de Carreau, Roy, & Valet de Pique.

L'Hombre perdit ce Jeu pour avoir coupé du Cinq le Roy de Cœur, que le premier joüe d'abord. L'Hombre fut ſurcoupé du Sept : on remit en Carreau ; la levée alla au premier en Carte, qui remit en Pique : Le dernier en Carte en fit deux ſur l'Hombre, qui luy faiſoient trois levées, & Eſpadille, qui luy fit la quatriéme; ainsi elle fut remise.

Cependant, il y avoit deux manieres de la gagner.

La premiere étoit en jettant le Valet de Carreau sur le Roy de Cœur, par où l'on avoit commencé à joüer; & cela d'autant plus, qu'il s'en alloit d'une fausse. Si aprés cela le premier eût fait un retour, laissant aller, ou coupant d'un de ses faux Matadors, l'Hombre ne pouvoit plus perdre.

La seconde maniere étoit, de couper le Roy de Cœur d'un faux Matador; auquel cas le dernier en Carte auroit ſurcoupé de ſon Eſpadille, & fait la premiere levée.

Enſuite il auroit joüé Carreau ; le premier en Carte eût pris du Roy, & l'Hombre auroit mis le Valet.

Le premier auroit remis en Pique, & auroit ainſi fait faire deux Piques au dernier, qui avec ſon Eſpadille luy faiſoient trois levées : aprés quoy il ne pouvoit rentrer qu'en Carreau, où le premier en Carte obeït. L'Hombre eût coupé du Cinq, & joüé trois fois à tout, & enlevé les trois Triomphes qui reſtoient dans la main de celuy qui avoit déja fait trois levées.

L'Hombre jouë ſans prendre en Carreau.

Il étoit dernier en Carte.

Jeu de l'Hombre

Manille, Baſte, Roy, Dame, Trois, Six, & Quatre de Triomphe, Valet de Cœur, & Valet de Trefle.

Jeu du premier en Carte.

Ponte de Triomphe, Roy, Valet, Sept, Trois de Pique, Trois, Quatre, Cinq, & Six de Trefle.

Jeu du ſecond en Carte.

Eſpadille, Valet, Deux,

& Cinq de Triomphe, Roy de Trefle, Roy, Dame, Six, Cinq de Cœur.

Ce Jeu se perdit ainsi.

Le premier en Carte joüa Trefle ; le second prit du Roy ; l'Hombre obeït du Valet.

Le second remit en Cœur par le Roy ; l'Hombre mit le Valet ; & le premier s'en alla d'un de ses bas Trefles. Le second qui fait cette levée, retourne Cœur par la Dame ; l'Hombre coupe du Roy, & le premier surcoupe du Ponte ; aprés quoy il joüe un de ses bas Trefles ; le second coupe du Valet de

Carreau ; l'Hombre découpe de la Dame, & joüe à tout du Baste ; le premier s'en va d'un Trefle, & le second de son Cinq de Triomphe : si bien qu'avec Espadille & le Deux qui luy restent dans la main, il voit venir l'Hombre, qui n'a plus que la Manille, & le Trois.

Or constamment il gagnoit le coup, si au lieu de découper du Roy sur le second Cœur, il avoit coupé d'une basse Triomphe.

Il est vray qu'on ne peut pas dire que l'Hombre l'ait perdu par sa faute ; car il falloit à point nommé que le Ponte se trouvât dans la main du premier en Carte pour le faire perdre.

Il faut donc convenir que la conduite fait beaucoup pour gagner certains coups : mais il arrive tres-souvent qu'un bon Joüeur en perd aprés y avoir bien réflechi ; qu'une mazette gagneroit en joüant tout autrement.

Voilà des coups sans prendre perdus dans toutes les situations, c'est-à-dire premier, second & dernier en Carte. Voyons-en presentement quelques-uns de perdus aprés avoir écarté.

L'Hombre joüé en Pique.

Il étoit premier en Carte.

Jeu de l'Hombre.

Eſpadille, Manille, Six, Cinq, Quatre, & Trois de Triomphe: il prend un Cœur, un Trefle, & un Carreau.

Jeu du ſecond.

Baſte, & le Sept de Triomphe, Roy & Six de Trefle, As, & Cinq de Carreau, Valet, Trois, & Six de Cœur.

Jeu du troiſiéme.

Roy, Dame, Valet de Triomphe, Roy, & Sept de Cœur, Dame de Trefle, Roy, Valet, & deux de Carreau.

Voici comment l'Hombre perdit ce Jeu : il joüa une fois à tout de son Espadille ; le second obeït du Sept, & le dernier du Valet. L'Hombre joüa ensuite une de ses fausses, que le troisiéme leva du Roy : Il joüa la Dame de Tresle, & demanda *Gano* du Roy ; voilà deux levées : Il jouë son Roy de Carreau ; l'Hombre obeït ; voilà trois levées : aprés quoy il retourne Carreau. L'Hombre coupa, & fut surcoupé par le second, qui voyoit venir avec le Baste : aprés quoy il resta au dernier en Cartes, qui a déja trois levées, le Roy & la Dame de Triomphe, dont il fait necessairement sa quatriéme.

Il faut brusquer ces sortes de Jeux; car si vous voulez vous ménager, & tâcher de mettre en deux, rarement y réüssissez-vous : & comme on ne manque point de vous surcouper, & que d'ailleurs vous avez des fausses, que l'on fait aller où l'on veut par le moyen des *Gano*, vous êtes en danger de perdre de Codille.

Ainsi la maniere la plus sûre & presque unique de gagner ce Jeu, c'est de joüer deux fois à tout. S'il y a deux Triomphes dans chaque main, vous avez infailliblement gagné; parce qu'en noir il n'y a qu'onze Triomphes. Vous en avez six, & quatre que vous tirez avec vôtre Espadille & vôtre Manille : reste un que l'on fait sur vous, & vos trois fausses, qui font en tout quatre levées; & vous faites les cinq autres.

Quand l'on dit qu'il faut joüer deux fois à tout, on entend bien que c'est, supposé que tous les deux en ayent fourni la premiere fois.

L'Hombre joué en Cœur.

L'Hombre étoit en Cheville, c'est à dire second en Carte.

Jeu de l'Hombre.

Espadille, Ponte, Dame, Deux, Trois, Quatre, & Six de Triomphe, Roy de Carreau, & Valet de Trefle.

Jeu du premier en Carte.

Manille, Baste, Roy, Cinq de Triomphe, Roy & Dame de Trefle, Dame, Valet, & Trois de Pique.

Jeu du dernier en Carte.

Valet de Triomphe, Roy, Sept, Six, & Cinq de Pique, Six de Trefle, Dame, Trois, & Cinq de Carreau.

Voilà comme ce Jeu se perdit.

Le premier en Carte joüa le Roy de Trefle, l'Hombre obeït, & le troisiéme aussi. Le premier qui avoit fait cette levée redoubla Trefle de la Dame; l'Hombre coupa du Deux, & le troisiéme le surcoupa du Valet; & dés-lors l'Hombre avoit perdu: car le troisiéme joüant Carreau, le premier coupa de son Cinq, qui luy fit deux levées, & avoit encore en main la Manille, le Baste, & le Roy dont il étoit sûr de faire deux levées. Au lieu que si l'Hombre avoit coupé de la Dame, la seconde levée luy restoit : aprés quoy joüant à tout d'un bas, le troisiéme obeïssoit du Valet, & obligeoit le premier à prendre de son Roy : où s'il eut voulu s'en aller de son Cinq pour laisser faire la levée au dernier en Carte, le pis que celuy-là pouvoit faire, c'étoit de joüer Carreau, que le premier eût coupé de son Roy de Triomphe, qui eût fait la levée ; aprés quoy il ne luy restoit plus que la Manille & le Baste, dont il ne pouvoit

pouvoit faire qu'une levée, parce qu'Espadille, que l'Hombre n'auroit pas manqué de joüer si tôt qu'il fût entré en Jeu, en auroit enlevé un des deux.

Peut-être le Jeu auroit-il pû être tourné de sorte qu'en coupant de la Dame, l'Hombre auroit perdu : Mais ce qu'il y a de certain, c'est que quand on a beaucoup de Triomphes, il est bon de couper de haut, pour empêcher que ceux qui défendent ne fassent valoir leurs petites, & pour entrer en Jeu pour pouvoir joüer à tout ; car pour peu que le Jeu soit partagé, on ne ſçauroit perdre.

L'Hombre joüa en Trefle.

L'Hombre étoit dernier en Carte.

Jeu de l'Hombre.

Eſpadille, Baſte, Dame, Cinq, & Six de Triomphe, Roy, Trois, Sept de Cœur, & le Roy de Carreau.

Jeu du premier en Carte.

Manille, Roy, Valet, & Quatre de Triomphe, Valet, As, & Deux de Cœur, deux de Carreau, & le Sept de Pique.

Jeu du ſecond en Carte.

Trois, & Sept de Triomphe, Valet, As, Trois, & Six de Carreau, Roy, Six, & Trois de Pique.

Voilà comme ce Jeu ſe perdit.

Le premier en Carte joüa par le Deux de Carreau ; le ſecond obeït ; l'Hombre prit de ſon Roy ; aprés quoy il joüa ſon Roy de Cœur : le premier en Carte obeït de ſon Deux ; & le ſecond coupa du Sept de Trefle, & joüa à tout du Trois, aprés quoy il n'étoit plus poſſible à l'Hombre de gagner.

Que ſi au lieu de joüer ſon Roy de Cœur, il eût joüé à tout du Six, le premier en Carte auroit levé du Valet, & le ſecond auroit jetté ſon Trois. Le premier, qui faiſoit la levée, joüoit Cœur; le ſecond coupoit du Sept, & l'Hombre s'en alloit d'un bas Cœur; aprés quoy le ſecond en Carte ne pouvoit plus joüer que Pique ou Carreau, s'il jouë Carreau, qui eſt un retour, l'Hombre s'en va d'un bas cœur; s'il jouë Pique, qui n'a pas encore été joüé, l'Hombre coupe du Cinq, & le premier obeït : mais quand il auroit ſurcoupé, l'Hombre ne pouvoit plus perdre.

Il eſt inutile de mettre davantage de ces exemples, l'uſage en cela vaut beaucoup mieux que tous les préceptes.

Voilà toutes les regles de l'Hombre, comme il ſe jouë ordinairement ; il y a pluſieurs manieres capricieuſes de payer les Hazards, qu'on appelle Pertintailles, qui n'ont été inventées que pour groſſir le gain ou la perte, qu'on ne doit pas joüer lors qu'on ne ſçait pas bien le Jeu, & qu'on jouë avec des perſonnes habiles & ſuperieures au Jeu.

Cependant afin de ne rien obmettre de ce qui regarde le Jeu de l'Hombre, nous allons expliquer icy tous les differens Hazards nouvellement introduits, apprendre ce qu'on paye lors qu'ils arrivent, & qui ſont connus ſous le nom de Pertintailles.

Des Pertintailles.

Pour être payé de ces Hazards, il faut que celuy qui joüe gagne, autrement il les paye aux autres.

La Conſolation.

Ce qu'on appelle Conſolation eſt un droit que celuy

qui jouë a de ſe faire payer une Fiche par les autres toutes les fois qu'il jouë, une autre Fiche lors qu'il jouë ſans prendre; & lors qu'il a des Matadors, autant de Fiches qu'il a de Matadors.

Cependant comme tout le monde n'aime pas jouer ſi gros Jeu, il y a bien des gens qui réduiſent ou ſuppriment tous ces Hazards plus propres à ſatisfaire l'interêt que le plaiſir, qui ne veulent pas qu'on paye de Fiches aux Matadors & au ſans-prendre, & qui même ne veulent payer une Fiche que lors que le Jeu eſt ſimple ; c'eſt à dire, qu'il n'y a qué trois Jettons devant chacun ſans Bête. D'autres, lors qu'il n'y en a que cinq, & d'autres enfin, lors qu'il n'y en a que ſept, qu'ils appellent joüer la Fiche de conſolation, compris le vingt & un.

Le bon Air.

Lors que celuy qui jouë ſans-prendre a quatre Matadors, chacun luy donne une Fiche, outre ce qu'on paye ordinairement pour les Matadors & le ſans-prendre.

Le parfait Contentement.

Si celuy qui jouë a cinq Matadors & Sans-prendre, chacun luy donne une Fiche, outre les Matadors & le Sans-prendre ; c'eſt ce qui s'appelle le parfait Contentement.

La Guinguette.

C'eſt joüer ſans As noir, en ce cas celuy qui jouë ſe fait payer une Fiche de chacun des Joüeurs.

Remarquez, que ce qu'on appelle joüer ſans As noir, n'eſt pas demander ſi on jouë lors qu'on n'a pas d'As noir ; mais c'eſt n'en avoir aucun, aprés qu'on a écarté & pris des Cartes au Talon : il en eſt de même des autres Hazards, à la reſerve de ceux où on joüe ſans-prendre.

Le Mirlino.

C'eſt joüer avec les deux As noir, ſans le troiſiéme Matador, alors chacun paye une Fiche à celuy qui joüe.

On luy paye pareillement une Fiche lors qu'il joüe avec les deux As rouges & le Baſte.

Les Fanatiques.

Ce ſont les quatre Valets,

chacun donne une Fiche à celuy qui jouë lors qu'il les a.

Le Charivary.

Chacun donne une Fiche à celuy qui a les quatre Dames, s'il jouë.

La Discorde.

Ce sont les quatre Roys, chacun donne une Fiche à celuy qui jouë & qui les a.

La Partie quarrée des Dames du temps.

C'est avoir trois Roys & une Dame, & gagne en ce cas une Fiche de chacun des Joüeurs.

La Triomphante.

C'eſt commencer par joüer à tout d'Eſpadille, & ſe faire payer une Fiche de chacun, & deux lors que celuy qui joüe fait la Vole.

L'Eſtrapade.

C'eſt joüer ſans prendre & faire la Vole, & en ce cas tire tout ce qui eſt au Jeu, & tout ce que chacun des Joüeurs a de Jettons & de Fiches devant luy, même ce qui luy eſt dû depuis le Jeu commencé.

Le Dégoût.

Ceux qui perdent à la fin de la reprise, ne fusse qu'un Jetton, donne une Fiche à celuy qui gagne.

Les Yeux de ma grande-Mere.

Ce sont les deux As rouges sans les noirs, celuy qui les a & qui jouë, se fait payer une Fiche de chacun.

La Chicorée.

C'est joüer avec trois ou quatre faux Matadors, & se faire payer une Fiche de chacun.

Souvenez-vous que si celuy qui jouë avec tous les Hazards ci-deſſus perd, il donne aux deux autres la même quantité de Fiches, qu'on luy auroit donné s'il eût gagné.

Reſte à parler des differentes manieres dont on jouë l'Hombre.

Differentes manieres de joüer l'Hombre.

Obſervez ſeulement, que les loix dont nous venons de parler ſont communes; & que les Jeux de l'Hombre dont nous allons parler, ne different que dans quelques loix particulieres, qui ſont propres à chacun. Commençons par l'Eſpadille forcé.

De l'Eſpadille forcé.

L'Eſpadille forcé eſt une maniere de joüer à l'Hombre, aſſez divertiſſante quand on joüe pour le plaiſir, parce qu'il y a preſque toûjours des Bêtes au Jeu, & qu'on gagne ſouvent Codille quand on y penſe le moins : Mais quand on joüe par intereſt ce n'eſt plus la même choſe, parce que le Jeu de l'Hombre, qui eſt tout ſpirituel de luy-même, dégenere preſque en Jeu de hazard ; & que la conduite ne ſert de rien à un Joüeur qui ſe voit ſouvent Eſpadille fort mal accompagné.

Il ſe jouë en tout comme le veritable Jeu de l'Hombre, dont nous venons de parler : chacun parle à ſon rang ; & ſi perſonne ne jouë, celuy qui a Eſpadille eſt obligé de le joüer, quelque foible que ſoit ſon Jeu ; ainſi ſi tout le monde paſſe, celuy qui a Eſpadille doit faire ſon écart, & nommer ſa couleur.

Celuy qui a l'Eſpadille en main avec mauvais Jeu peut paſſer,

passer, pour voir si quelqu'un des deux autres ne luy fera pas le plaisir de le tirer de la peine où il se trouve.

Quand personne n'accuse qu'il a l'Espadille, on regarde dans le Talon s'il y est ; s'il ne s'y trouve pas, celuy qui l'a dans la main fait la Bête, & on ne jouë pas le coup, parce qu'ayant vû le Talon, il seroit aisé d'en tirer avantage.

De l'Hombre à deux.

On appelle l'Hombre à deux, parce qu'on n'y jouë que deux.

C'eſt un tres-mauvais Jeu & qui eſt peu divertiſſant ; mais on ne laiſſe pas de le joüer quelquefois, faute d'un troiſiéme, quand on n'a rien de mieux à faire. Il peut ſervir à apprendre à écarter & joüer les Cartes à ceux qui commencent à apprendre l'Hombre.

Il ſe jouë comme l'autre, à peu de choſes prés.

Pour le joüer, il faut ôter une couleur rouge ; de ſorte que le Jeu n'eſt que de trente Cartes : il eſt indifferent que ce ſoit le Cœur ou le Carreau que l'on ôte.

On ne donne que huit

Cartes chacun, trois, trois & deux; en ſorte qu'il en reſte quatorze au Talon, dont chacun prend ce qui luy convient.

Pour gagner il faut faire cinq levées : quand chacun en fait quatre, la Bête eſt remiſe : ſi celuy qui défend en fait cinq, il gagne Codille.

Remarquez qu'on ne peut nommer la couleur que l'on a ôtée; car s'il étoit permis de la nommer avec Eſpadille ſeul, on feroit quelquefois la Vole : ce qui arriveroit étant premier en Carre, & ayant avec Eſpadille un Roy & plusieurs Cartes de la même couleur.

De l'Hombre à cinq.

L'Hombre à cinq est fort divertissant quand on le jouë comme il faut : il est different de l'Hombre à trois en bien des choses, & donne plus de plaisir, parce qu'il faut moins d'application. Voici donc quelles en sont les regles.

Premierement, on ne donne point de Fiches ; on donne seulement vingt ou trente Jettons, que l'on fait valoir ce que l'on veut ;

cinq , dix , quinze ou vingt ſols la piéce, plus ou moins , ſelon que l'on en convient.

Cela étant , & les places tirées , on regarde à qui donnera les Cartes : on met chacun un Jetton devant ſoy , & l'on donne à chacun huit Cartes ; en ſorte qu'il ne reſte rien pour le Talon , auſſi on n'écarte pas.

Les Cartes étant données, chacun parle à ſon rang, en commençant par le premier en Carte.

Pour gagner , il faut faire cinq levées.

Si l'un des Joüeurs a assez de Jeu pour joüer sans prendre, il nomme sa couleur, aprés que ceux qui sont devant luy ont parlé.

Pour gagner, il faut qu'il fasse seul cinq levées ; car celles qui se font par les quatre autres se réünissent ensemble.

S'il gagne sans prendre, c'est à dire en joüant seul & sans secours, chacun luy donne deux Jettons pour le Sans-prendre. S'il a trois Matadors, on luy en donne encore deux pour les Matadors ; & quand il en auroit quatre, cinq, six ou huit même, on ne paye pas pour cela plus de deux Jettons.

S'il fait la Vole, il tire tout ce qui est au Jeu, & chacun en donne deux pour la Vole, & cela quand il y auroit plusieurs Bêtes au Jeu.

Nous avons dit que chacun met un Jetton devant soy : ce sont cinq Jettons qui se tirent à deux fois ; la premiere fois on en tire deux, & la seconde trois : ainsi celuy qui joüeroit d'abord sans prendre, comme nous venons de dire, outre le droit du Sans prendre, tireroit deux Jettons seulement du Jeu, & il en reſteroit trois pour le coup ſuivant.

Suppoſons donc ce premier coup joüé & gagné, & les Cartes données pour le ſuivant, celuy des Joüeurs, hors le dernier en Carte, qui a du Jeu, demande ſi l'on joüe; on luy répond que non: Il nomme la couleur qu'il luy plaît, & appelle un Roy à ſon ſecours, autre que le Roy de la couleur où il joüe. Celuy qui a le Roy que l'on appelle, aide celuy qui joüe; & s'ils font enſemble cinq levées, ils ont gagné: Celuy qui a joüé

joüé tire deux Jettons, & le Roy appellé en tire un : cela s'entend quand le nombre des Jettons à tirer eſt impair ; car autrement ils partagent également.

S'ils ne font que quatre levées, la Bête eſt remiſe, & celuy qui a joüé met deux Jettons, & le Roy appellé un.

S'ils n'en font que trois, ils perdent Codille ; auquel cas, les trois qui défendent tirent chacun un Jetton.

J'ay dit, hors le dernier en Carte, parce que quand les quatre premiers ont paſſé, le dernier en Carte eſt obligé de joüer, quelque mauvais Jeu qu'il ait, & appelle un Roy à ſon ſecours.

Remarquez, que quand le nombre des Jettons qui ſont à tirer quand on a gagné Codille, eſt, par exemple, de quatre ou de cinq, aprés que chacun en a tiré un ; s'il n'en reſte qu'un, il eſt pour celuy qui avoit la plus forte Triomphe ; & s'il en reſte deux, celuy qui a la Triomphe plus forte des deux autres eſt celuy qui le tire.

Quand j'ay dit que celuy qui a joüé tire deux Jettons & le Roy appellé un, cela s'entend du second coup ; car, comme nous avons dit, on n'en tire que deux le premier.

Si la Bête étoit gagnée Codille le premier coup, les trois qui défendent en tireroient chacun un, & les autres ne feroient la Bête que de deux ; en sorte qu'il en resteroit deux du Jeu & deux de la Bête, qui iroient ensemble le coup suivant.

Quand celuy qui joüe avec le Roy appellé fait la Vole, les trois qui défendent en doivent chacun deux à celuy qui a joüé ; & pour lors si le nombre des Jettons à tirer eſt impair, c'eſt le Roy appellé qui en profite.

S'il y a davantage de Jettons à partager, à cauſe des Bêtes qui auroient été faites, ils les partagent également; & ſi le nombre eſt impair, celuy qui reſte eſt toûjours à celuy qui a joüé, hors le cas de la Vole.

La Vole ſe peut entreprendre ſans craindre d'encourir aucune peine quand on ne la fait pas.

La Bête ſe fait d'autant de Jettons que l'on en auroit tiré ſi l'on avoit gagné.

Les Matadors ne ſe payent pas, à moins qu'ils ne ſoient

tous trois dans la même main : S'ils ſont dans la main de celuy qui jouë, c'eſt à luy à qui on les paye, & le Roy appellé n'y a point de part.

Si au contraire ils ſe trouvent dans la main du Roy appellé, c'eſt à luy à qui on les paye : S'ils perdent, celuy qui les a les paye aux autres, hors à celuy qui a perdu avec luy; ce qui ſe doit auſſi entendre quand ils gagnent enſemble.

Il y a plus de plaiſir à ne pas declarer le Roy, parce que l'Hombre ne ſçait à quoy s'en tenir, & favoriſe ſouvent les autres en penſant favoriſer ſon Roy ; & ſon erreur qui ne ſe découvre quelquefois qu'à la fin du coup, donne beaucoup de plaiſir.

Celuy qui a le Roy appellé, pour favoriſer ſon Joüeur quand il n'eſt pas forcé, c'eſt à dire quand il n'eſt pas dernier en Carte, joüë ordinairement à tout, parce que les Triomphes étant partagées en cinq, il s'en trouve peu dans chaque main ; & celuy qui joüë ayant apparemment les plus fortes, il les tire toutes en joüant encore une autre fois à Tout.

Celuy qui renonce fait la Bête.

Si les Cartes sont mal données, on rebat, & il n'y a point de peines.

Voilà à peu prés quelles sont les Loix de l'Hombre à cinq : S'il se rencontroit quelque difficulté, il faut suivre les Loix de l'Hombre à trois.

FIN.

TABLE

Des Termes qui sont particuliers au Jeu de l'Hombre ; & leur explication, par ordre alphabetique.

A.

ALLER *au fond.*

C'EST prendre beaucoup de Cartes du Talon, & n'en pas laisser cinq à celuy qui écarte aprés.

B.

BASTE.

C'est l'As de Tresle, qui est toûjours la troisiéme Triomphe, en quelque couleur que l'on joüe.

Marquer la BESTE.

C'est marquer au-dessous de ce qui étoit au Jeu quand la Bête a été faite.

Le BON AIR.

C'est avoir gagné avec 4. Matadors & Sans-prendre, & se faire payer outre le droit des Matadors & Sans-prendre une Fiche de chacun.

C.

CENT.

Ce ſont vingt Jettons, ou une Fiche.

Grand CENT.

Ce ſont cent Jettons, ou cinq Fiches.

Le CHARIVARY.

C'eſt avoir les 4. Dames, on gagne une Fiche de chacun.

Eſtre en CHEVILLE.

C'eſt n'être ni premier, ni dernier en Carte.

La CHICORE'E.

C'eſt joüer avec 3. ou 4. faux Matadors, on gagne une Fiche de chacun.

CODILLE.

C'eſt lors que la Poule eſt gagnée par un de ceux qui ne joüent pas.

FICHE DE CONSOLATION.

C'eſt tirer une Fiche de chacun, ſi l'on joüe; & qu'on gagne ; c'eſt auſſi avoir une Fiche de chaque Matador & une du Sans-prendre.

Le parfait CONTENTEMENT.

C'eſt avoir cinq Matadors & Sans-prendre, & ſe faire payer une Fiche outre les Matadors & le Sans-prendre.

Nommer sa Couleur.

C'est dire que l'on jouë en Trefle, Pique, Cœur ou Carreau; auquel cas la Couleur nommée est la Triomphe.

D.

Le Degoust.

C'est perdre à la fin de la reprise, & payer une Fiche à celuy qui gagne.

Estre à Deux.

C'est lorsque les deux qui défendent la Poule ont fait deux levées chacun.

La Discorde.

C'est avoir les 4. Rois, on gagne une Fiche de chacun.

E.

Ecart.

Ce sont les Cartes que l'on a écartées, & qui se mettent à la droite de celuy qui a fait.

Espadille.

C'est l'As de Pique, qui est toûjours la premiere Triomphe, en quelque couleur que l'on jouë.

Espadille *forcé*.

C'est lorsque l'on convient que celuy qui aura Espadille jouëra d'obligation, si les autres ne joüent pas.

L'ESTRAPADE.

C'eſt joüer ſans prendre, faire la Vole, on gagne ce qui eſt au Jeu, & on tire tout ce que les deux autres ont devant eux.

F.

Les FANATIQUES.

C'eſt avoir les 4. Valets, on gagne une Fiche de chacun.

FORCER *l'Hombre.*

C'eſt mettre une forte Triomphe, pour l'obliger d'en mettre une plus forte.

G.

GANO.

C'eſt à dire, laiſſez paſſer, ou ne mettez pas au-deſſus de moy; ou, à moy.

La GUINGUETTE.

C'eſt joüer ſans As noir, on gagne une Fiche de chacun.

H.

HOMBRE.

C'eſt le nom du Jeu; & c'eſt comme qui diroit le Jeu de l'Homme.

HOMBRE.

C'eſt celuy qui fait joüer.

M.

MANILLE.

C'eſt ou le Deux noir, ou le Sept rouge de la couleur dont on jouë, & eſt alors la ſeconde Tiomphe.

MARQUER *le Jeu.*

C'eſt mettre devant ſoy le nombre des Jettons qu'il en faut.

MATADORS.

Ils ſont trois, & ſont Eſpadille, Manille & Baſte; ce ſont les trois premieres Triomphes.

MATADORS *ſimples.*

C'eſt lors qu'on ne paye qu'un Jetton pour chaque Matador.

MATADORS *doubles:*

C'eſt quand on paye deux Jettons pour chaque Matador.

MIL.

Ce ſont vingt Jettons & les neuf Fiches que l'on donne en commençant.

LE MIRLINO.

C'eſt joüer avec les deux As noir; on gagne une Fiche, ou avoir les deux As rouges, on gagne auſſi une Fiche de chacun.

P.

La PARTIE QUARRE'E DES DAMES DU TEMPS.

Ce ſont trois Rois & une Dame, on gagne une Fiche de chacun.

Les PERTINTAILLES.

Ce ſont differens hazards pour leſquels on paye des Fiches à celuy qui jouë s'il gagne, ou qui les paye aux autres s'il perd.

PONTE.

C'eſt l'As de Carreau quand on jouë en Carreau, ou l'As de Cœur quand on jouë en Cœur.

Joüer ſans PRENDRE.

C'eſt joüer ſans écarter.

SANS PRENDRE *ſimple.*

C'eſt quand on ne donne que ſix Jettons à celuy qui a joüé ſans écarter.

SANS-PRENDRE *double.*

C'eſt lorſqu'on donne douze Jettons à celuy qui a joüé ſans écarter.

R.

REMISE.

C'eſt lorſque la Bête eſt faite & n'eſt pas gagnée Codille.

REMISE *par trois.*

C'eſt lorſque chacun fait trois levées.

RENONCER,

C'est ne pas obeïr à la couleur quand on en a.

Se faire des RENONCES.

C'est écarter plusieurs Cartes de même couleur, pour en couper le Roy.

RENTRÉE.

Ce sont les Cartes que l'on prend dans le Talon.

REPUESTA, RIPOSTE.

C'est la même chose que Remise.

T.

TALON.

Ce sont les Cartes qui restent aprés que l'on en a donné à chacun neuf.

Se rendre TENACE.

C'est attendre avec deux Triomphes, que l'on fait necessairement quand celuy qui a les deux autres est obligé de joüer, comme sont les deux As noirs à l'égard de la Manille & du Ponte.

Les TOURS.

Ce sont les Poules que l'on convient de joüer.

TROIS ET UN.

C'est mettre d'abord 3. Jettons au Jeu, & un chaque fois que l'on passe.

TROIS ET DEUX.

C'eſt mettre d'abord trois Jettons au Jeu, & deux chaque fois que l'on paſſe.

La TRIOMPHANTE.

C'eſt joüer d'abord à tout d'Eſpadille, on gagne une Fiche de chacun, à la Vole deux.

Les Yeux de ma GRANDE-MERE.

C'eſt avoir les deux As rouges ſans les noirs, on gagne une Fiche.

Fin de la Table des Termes du Jeu de l'Hombre.

TABLE
OU SONT RASSEMBLE'ES les Loix du Jeu de l'Hombre.

Le chifre marque la page du Livre, où il en est traité plus au long, pour plus grand éclaircissement des difficultez qui pourroient survenir en joüant.

La Vole est entreprise, quand aprés avoir fait les cinq premieres levées, on a joüé la sixiéme Carte, 75. & 76

Si celuy qui entreprend la Vole ne la fait pas, les deux autres partagent entre eux tout ce qu'il y a au Jeu, 76. & 77.

Quand la Vole est entreprise, les deux Joüeurs qui la défendent peuvent se communiquer leur Jeu, & convenir de ce qu'ils garderont pour l'empêcher, 76

Celuy qui regarde son écart aprés avoir pris, ne peut faire la Vole, *là-même.*

Si celuy qui a manqué la Vole a des Matadors, ou a joüé sans prendre, on les luy doit payer, 77

Celuy qui gagne Codille ne marque point aux Tours, 78

Quand la Reprise est commencée, celuy qui ne veut pas l'achever, doit payer ce qu'il y a de perte au Jeu, 78. & 79.

Fin de la Table des Loix du Jeu de l'Hombre.

La Vole est entreprise, quand après avoir fait les cinq premieres levées, [illegible]

[illegible]

www.ingramcontent.com/pod-product-compliance
Lightning Source LLC
LaVergne TN
LVHW011958220826
846092LV00001B/203